ヨーコさんの“言葉”
じゃ、どうする

佐野洋子 文
北村裕花 絵

講談社

もくじ

本書は、ＮＨＫの番組「ヨーコさんの〝言葉〟」を書籍化したものです。

その1　とどのつまり人は食う

友だちの恋人は、
友だちでない人と
結婚することになってしまった。

彼女は夜中に私を訪ねてきて、
ふとんにくるまって泣き、
私は友だちの恋人に腹を立てて、

そんなことになるような
曲がりくねった時間を
持ちつづけた友だちを責めた。

しかし、
どうにもならないことなのだ。

泣きながら、彼女は、

「おなかすいた、何かない」

と言った。

次の朝、
「あんなのばっかが男じゃない。
世界の半分は男だ。
街へ出て気分を変えよう」
と私は彼女をはげました。

バスの中で彼女は、
ボロボロ涙を流し、
「もう一度会ってみる」
と鼻をかんだ。

しばらくすると、
「やっぱりやめる」
とゆれ動いた。

彼女は道の真ん中に
しゃがみ込んで、
おし殺した太い声で泣きだし、
歩く人がみんな見た。

立ち上がりながら、
「おなかすいた、
焼き肉が食べたい」
と彼女が言った。

焼き肉屋で、彼女は首にかけた
紙のエプロンをペッタリ顔におしあてて
しゃくり上げていた。

彼女は二人分の肉を、
紫色のけむりの向こうで、
ほとんど一人で食べ、
もう二人分追加した。

私の食べのこしたごはんも食べ、
追加した肉を
あっという間に平らげた。

焼き肉屋を出てすぐ、

「ケーキが食べたい」

と言った。

それは空腹を満たす
食べ方ではなかった。
何か不気味《ぶきみ》な力に支配され、

彼女のものではない、
胃袋ではないものの中に、
シャベルで何かを一心不乱に
ほうり込んでいく作業だった。

壮烈に荒れ狂った食欲が、
彼女の悲しみの深さだった。

ハンブルクの空港で時間待ちをしている時、ベンチの隣に座っている人と話をした。

その人は初老の日本人で、食べ物のことばかり話した。

そして魚の話になった。
私は子供のころ食べた、
さんまめしの話をした。

「丸ごとのさんまをお釜に入れて、
にんにくの葉っぱを、ざくざく切って、
しょうゆ味でたくのです。

たき上がって、頭をもち上げると、
骨がきれいにとれます。
はらわたもいっしょにまぜて
食べるのです」

「それはうまそうだなぁ。
私は、さばの味噌煮が好きでね、

小ぶりのさばをつつ切りにしてね、
大根といっしょに味噌で煮るんです。
弱火でコトコト。
少し甘いほうが好きでね」

茶色にすきとおる
大根までが
目にうかび、
口じゅうが
よだれだらけになった。

その人の飛行機が先に来て、
「そのさんまめし、
うまそうだなあ」
と言いながらいなくなった。

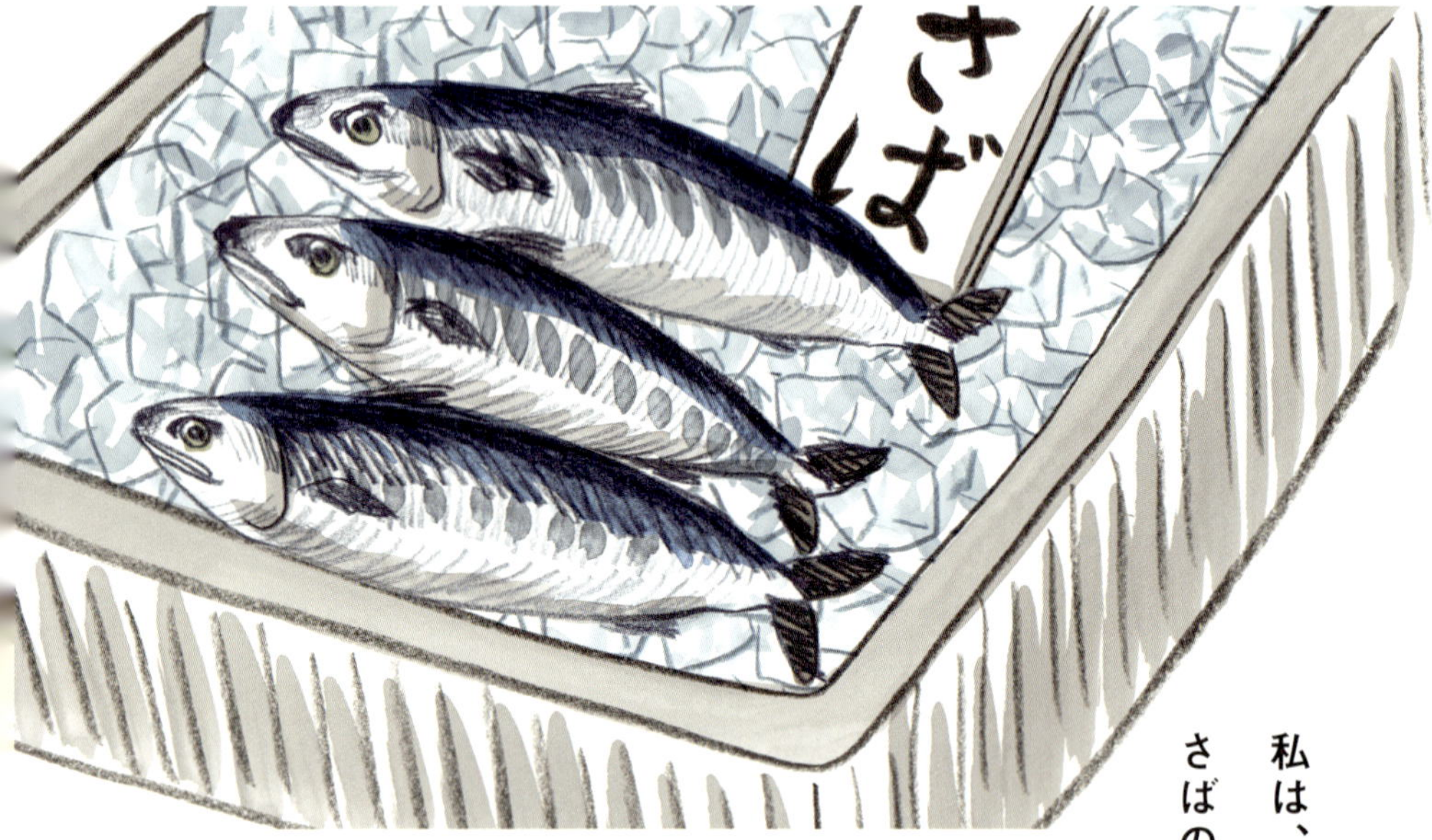

私は、日本へ帰ったら
さばの味噌煮を作ろうと思った。

何年たっても、
ときどき私は、
さばの味噌煮が
食べたくなった。

すると、
「そのさんまめし、うまそうだなあ」
と言ったその人と向かい合う。

顔も思い出せないその人と、
私はときどき心うれしい時を持つ。

その2　先入観

で、私、
男に対して
偏見がある。

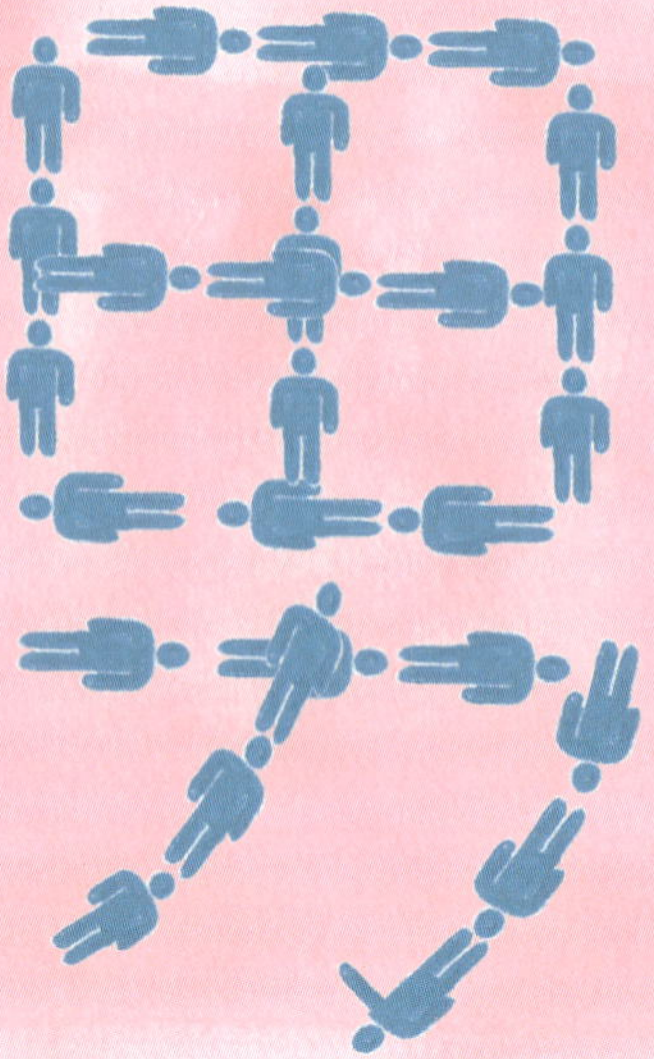

ハンサムで姿のいいのは
バカである、見ただけでバカ、
と思ってしまう悪い癖がある。

一流大学出は、
大人になりそこなうという
強い思い込み。

金持のボンは
腰抜けという先入観。

ある時、うちのバカ息子が
落第しそうになって、

青くなった私は、
銀行にすっとんで行って、

伝言板で
家庭教師をさがした。

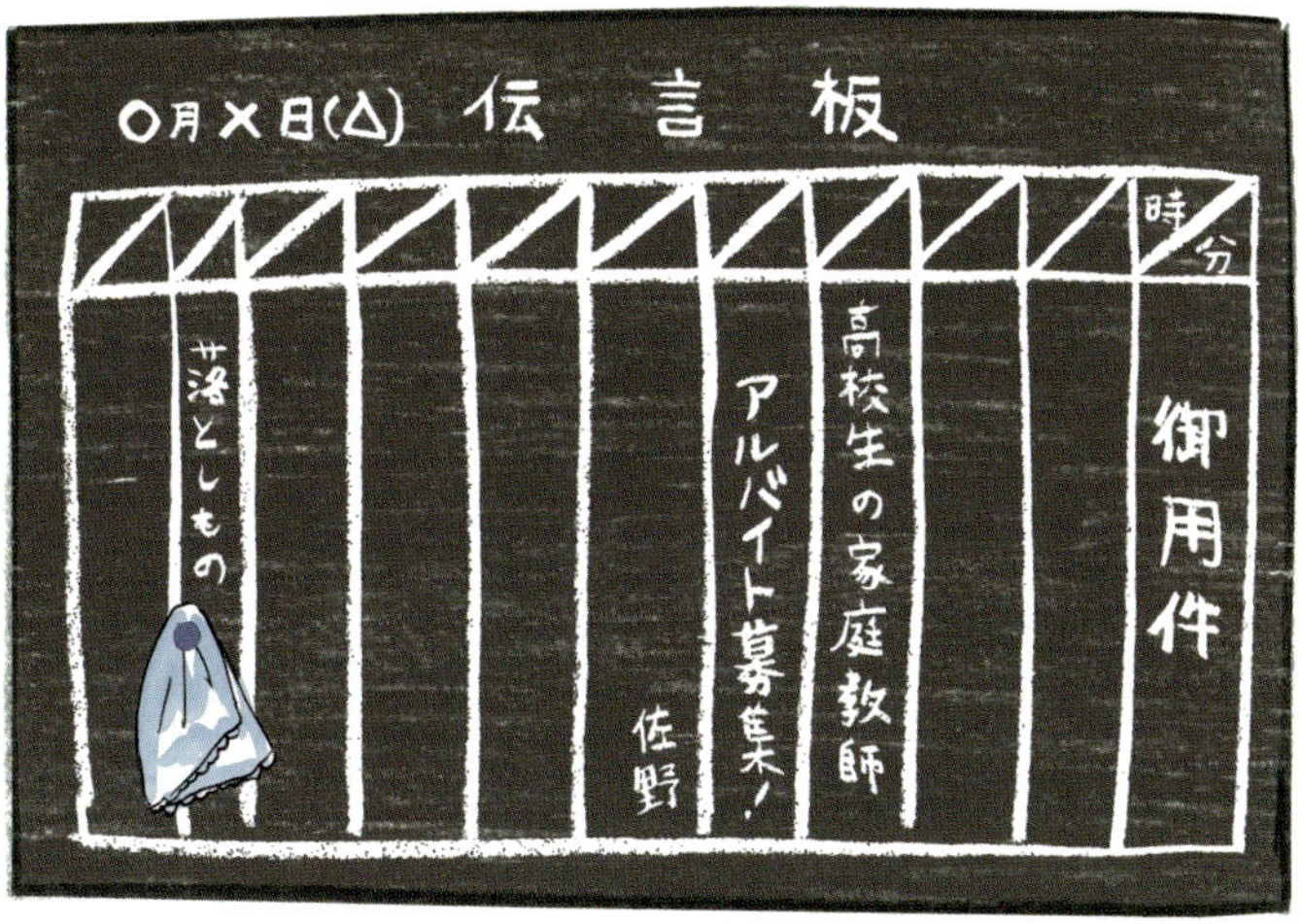

一時間後に、うちの玄関に
実にさわやかな美青年が
立っていた。

真冬だったが、
彼は部屋に入ると、

革のジャンパーをさっとぬいで、
白いTシャツ一枚になった。

「あなた、
ばかにいいジャンパー
着てるじゃないの。
高そう」

「アハハ、
これ、高いんですよ」

「あなたんち金持なの」
「いやおやじは
二流商社のただの重役ですよ」

それが二流じゃないのね。

あわててた私、
彼が一流大学だということ
気づかなかった。

「あなたマル金学生なんだ」
「まあそうですネ」

困ったことになっちゃった。
私の嫌いな条件ばかりである。

しかし、
あれこれ文句言っている
場合じゃないから、
息子の状況を説明する。

「わかりました。
僕、昔グレてたことありますから
平気ですよ」

「で、月謝のことだけど」
「試験が終わって、
進級したらいいただくということで、
駄目《だめ》な時はいりません」

私は口をあんぐりあけて
驚いた。

そして実に、
一生懸命やってくれて、

「なんだ、もっとバカかと思ったら、
頭いい子じゃないですか」
なんて言ってくれるのネ。

明るく、実にのびやかで、
打てばひびく知性があって、

専門バカじゃなくて、
吉本《よしもと》隆明《たかあき》も漫画アクションも同列で、
我慢づよくて
とても気持いいのよ、

で、めでたく、
私は月謝を払うことができた。

そして、私
コロッと宗旨替えを
してしまった。

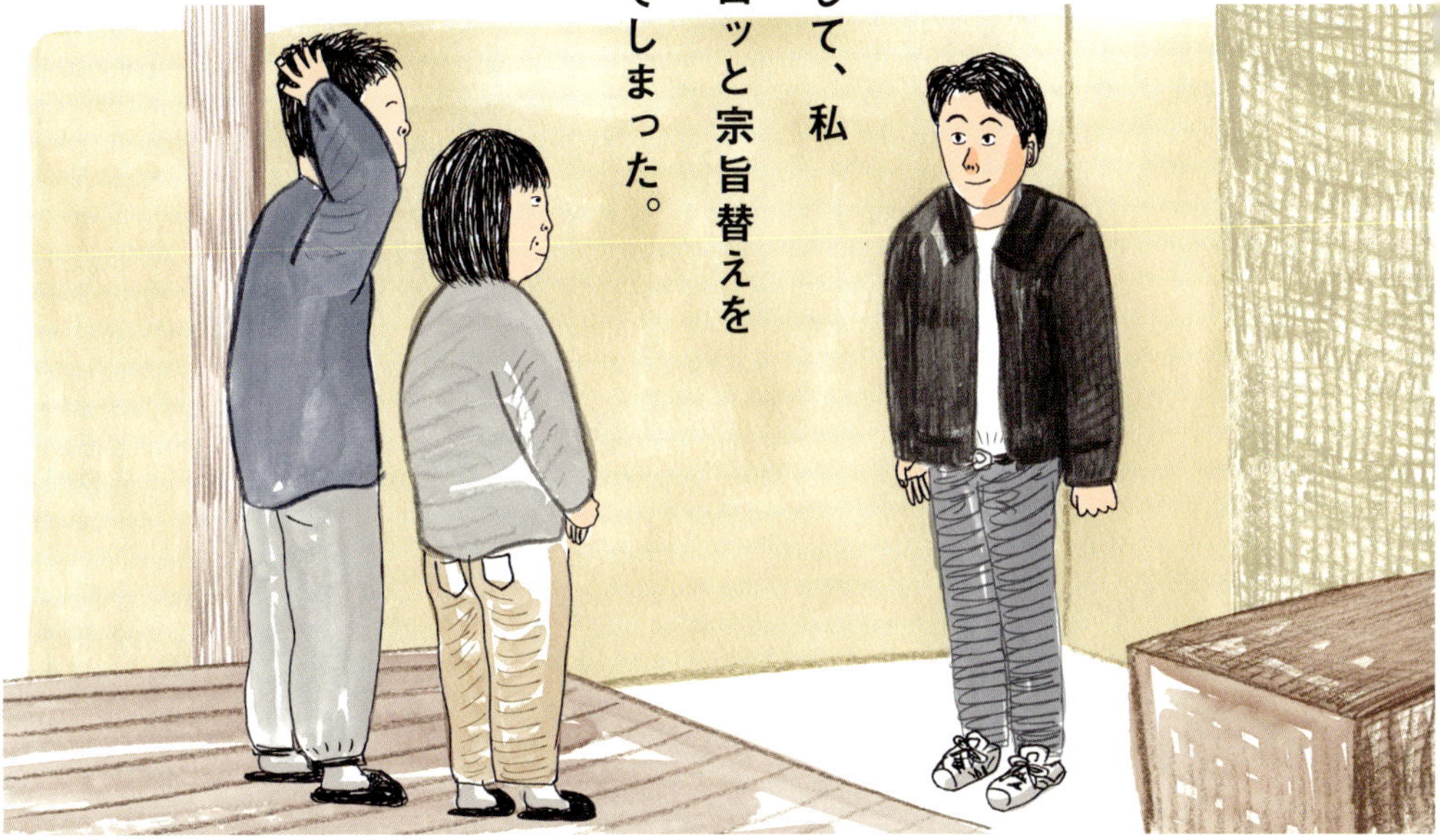

「あなた、男はね、
金持のボンで、頭よくて
カッコいいのが気持いいよ」
と人に言ったりしたが、

外側や条件で人はわからない。
一個一個調べないとわからない。

一個一個ちがうからね、
一個一個調べるのよ。

その3

大地《はは》

子供を好きかと言われると、
私は返答に困る。

正直なところ、
四、五人の子供が群れている
ところなど地獄かと思う。
できたら近よりたくない。

子供が調子に乗った時など、
加減というものを知らないので
空恐ろしい。

子供を無邪気とか
天使のようだとか言う方は
根っからの嘘つきでは
ないかと思う。

悪魔のようなことを
度《たび》々《たび》しでかす子でも

自分の子であれば
愛さずにいられないのが
人間の煩悩《ぼんのう》であり
ありがたい親心というものである。

息子が六歳の時、
多分とんでもない悪さを
したのであろう。

私はこの時とばかり
実に凡庸《ぼんよう》な親の
奥の手をつかい、

「母さんはもう出ていきます。
勝手にしなさい」
と玄関を出ようとした。

私の計算によれば
玄関で子供は
涙ながらに私にしがみつき

「ごめんなさい、もうしない。
出ていっちゃだめ」
という段どりの筈《はず》であった。

しかし、子供は
玄関に出てこないのである。

うろたえた私は引き返しもできず、
やむなく外へ出た。
私はスタスタとどこかに
消えねばならぬ。

しかし、行くあてもない。
私は外で
ウロウロするばかりである。

やがてしばしの時を経て、
子供が出てきた。

涙も流さず実に落ちついている、
それでも出てきた。
しめしめ、
そうそう素直にあやまりなさい。

子供は私に近づくと
上着のすそをつかんで引っぱり
「帰れよ」とひとこと言って

「オレハ引キ留メタカラナ」と
のたまうと
家の中に入ってしまった。

神様、私はどうすれば
よいのでしょう。
こういう子は
どうあつかえばよいのですか。

六歳の子供にすっかり
見すかされていたのである。

しっかりした子だと思えば、
突然、私ののったバスを
泣きながら追いかけてきて、

あわてた私が降りると
しがみついて
離れなかったりする。

「お仕事だから遠くに行くのよ。
一人でお仕事の邪魔しないで
いられる？」

涙でぐしゃぐしゃの顔で
懸命にうなずく。
もういとおしくて
たべてしまいたいくらいでしたね。

悪魔も天使もごっちゃまぜが
子供なのである。

私は子供に対して
もはやなんの先入観も持てない。

子供のなすことを唯《ただ》そのままながめ、
そのまま受け入れ、
ただただじいっと見ている。

じっとながめ、
底の底まで見すかしてやるぞ、

子供のふりをしながら
ずるがしこく大人をだまそうと
するのをじっと見てやるぞ。

世界中に花が咲いたかと思うほど
きれいにきれいに笑ったら、
私は希望にまみれ、

生まれてよかった、
すべての子供も生まれてよかったと
しみじみ幸せになる。

1-1
1-1
1-1
1-1

その4　口紅

子供の頃《ころ》、
母が化粧しはじめると
私は側《そば》に行かずに
いられなかった。

私は何をしていても
鏡台の前で鏡をにらみつけている
母の横にへばりついた。

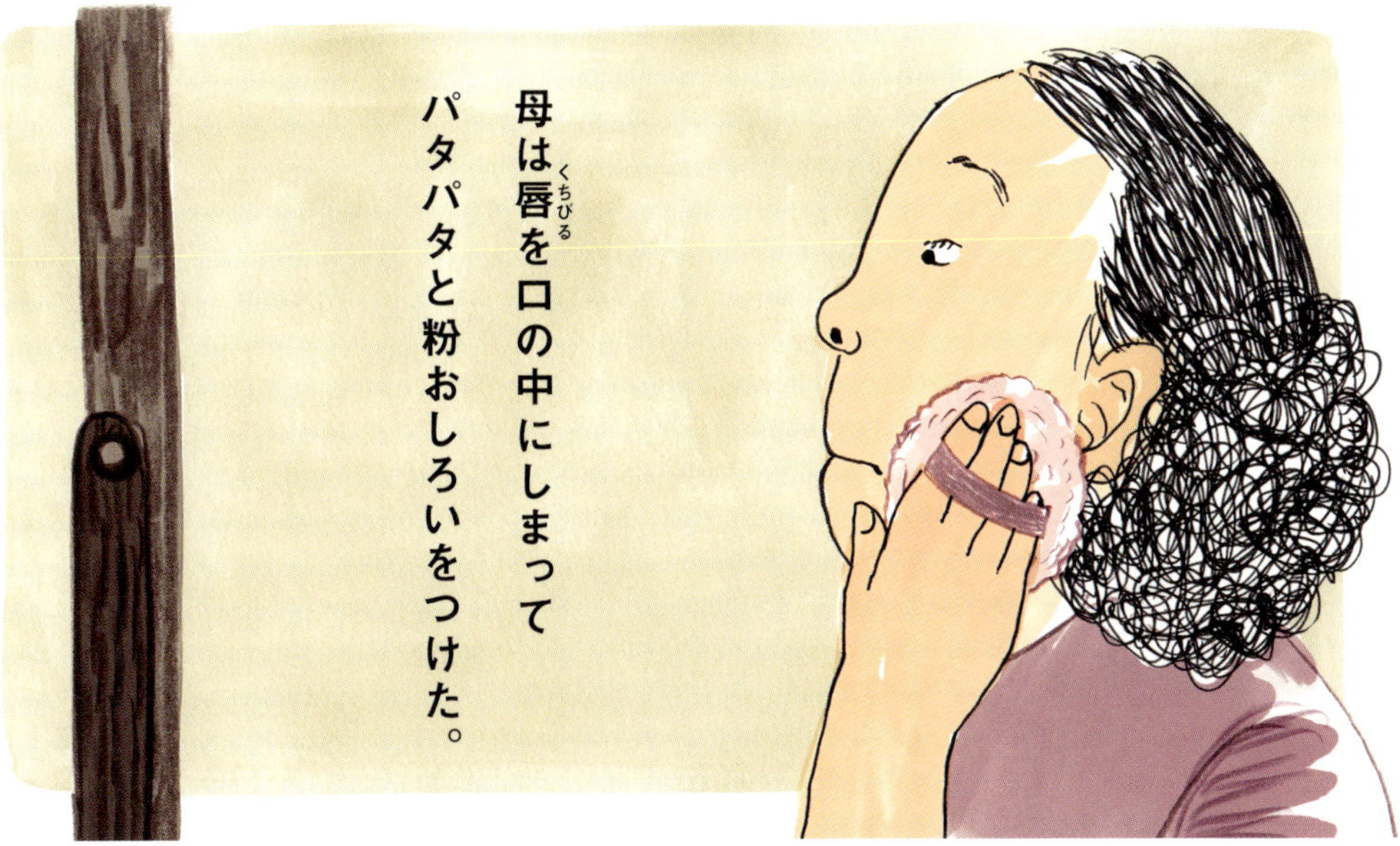

母は唇《くちびる》を口の中にしまって
パタパタと粉おしろいをつけた。

母は一心不乱であるから
私のことなど
ふりむきもしなかった。

粉おしろいをつけ終わると
母は再び唇を
口の中からとり出した。

そして
さらに顔を鏡に近づけて、
ゆっくり回して点検した。

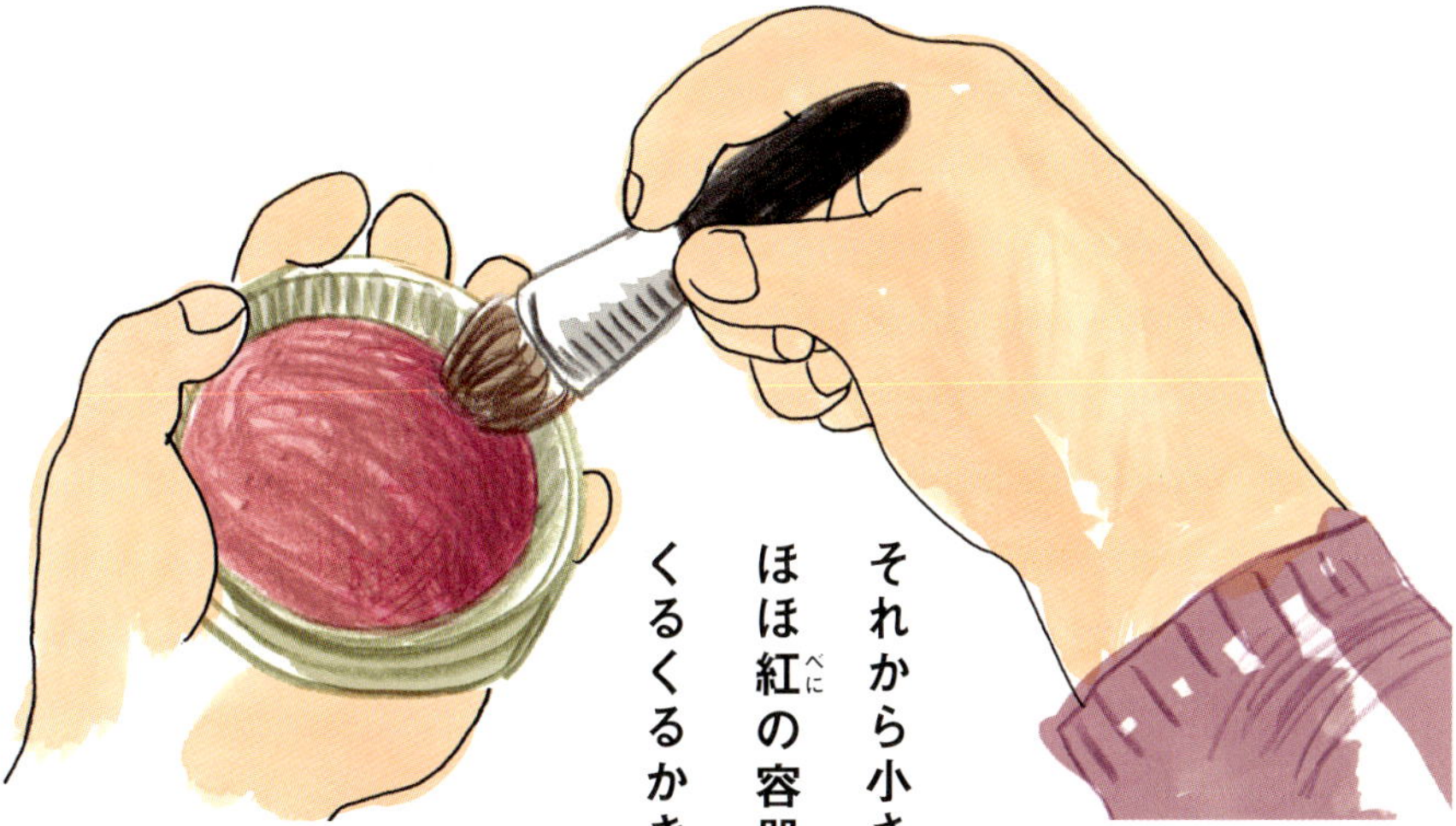

それから小さなはけを出すと、
ほほ紅《べに》の容器の中を
くるくるかきまわし、

私にはその素早さが
人わざとは思えなかった。

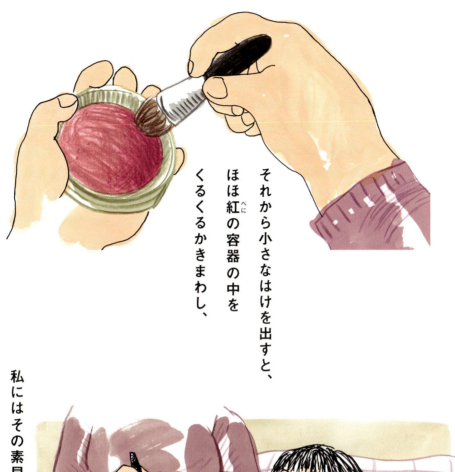

母はほっぺたを
うす桃色にし、
それからまぶたの上も
うす桃色にした。

そこまで来ると、
私は胸がどきどきして息をつめた。
やるぞ、やるぞ。

母は黒い口紅の入れ物のふたを
とると小指の先に口紅をつけ

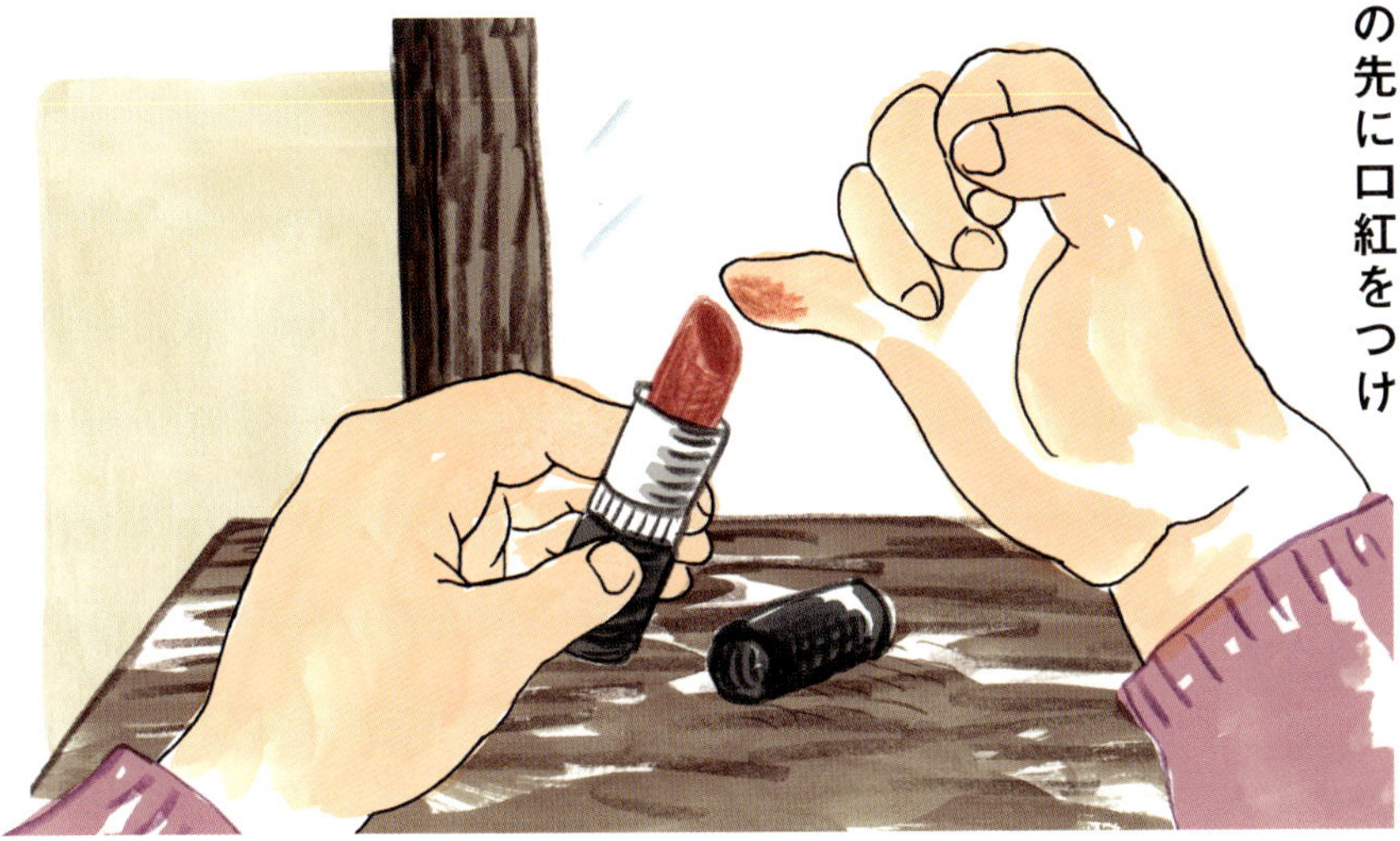

上唇をエーというときの形にして
ぬりつける。

そしてまた唇を口の中にしまい、
わずかに口の中でこすり合わせる、

そして突然〝ン・パッ〟
と唇を開くと
下唇も赤くなっていた。

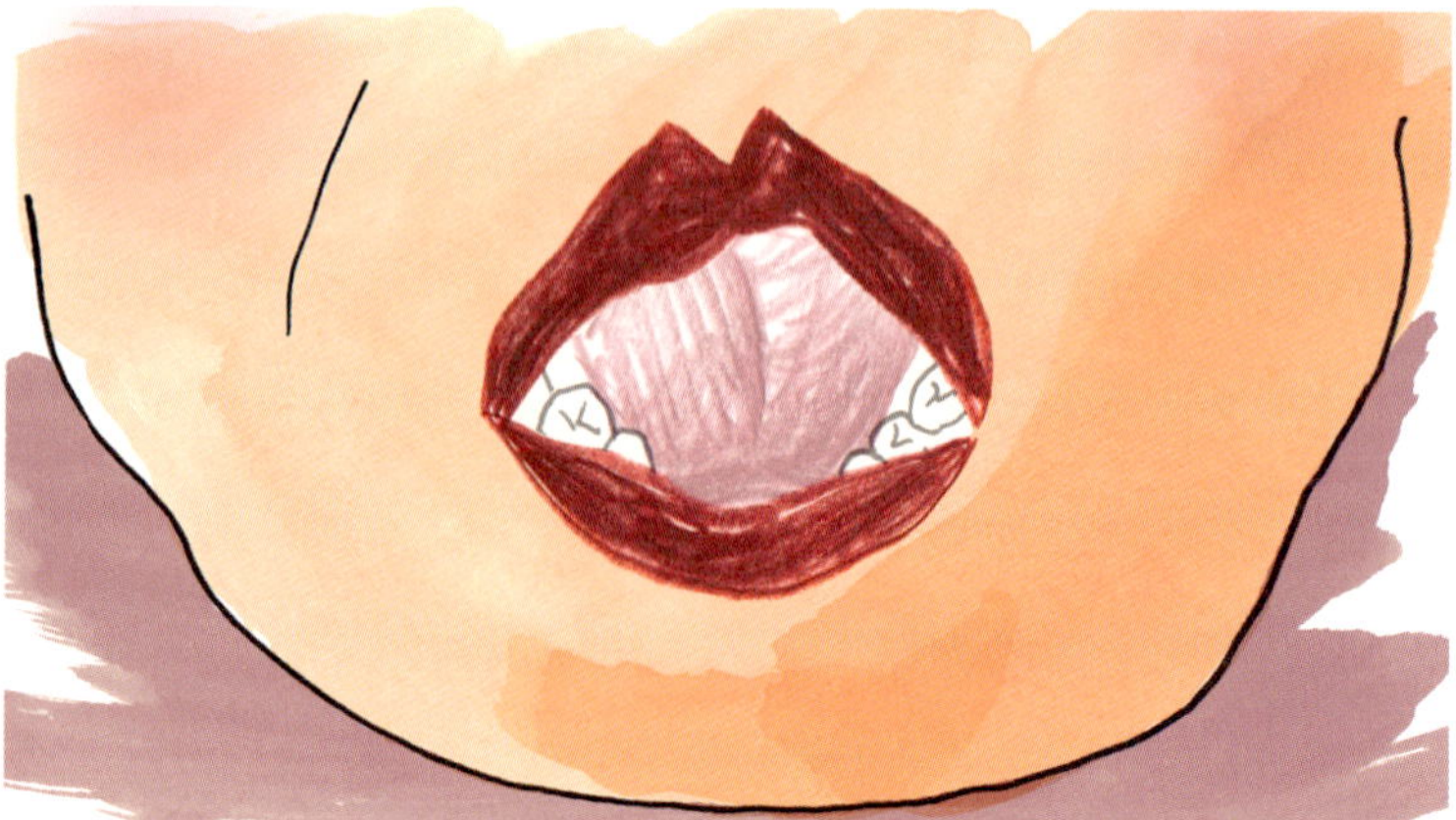

やったやった。

そして鏡に向かって
ニィーッと笑うのである。

終戦になって、父の田舎に
引き揚げてきたときも、

母はたった一本の口紅を
ずっと持っていた。

土間の柱にぶらさがっている
小さな鏡に向かって、

〝ン・パッ〟と唇を開いて
ニィーッと笑うと私は満足した。

父は私が十九のとき死んだ。
死んでも母は化粧を
やめなかった。

ときどき帰る実家の母の鏡台の
化粧品のおびただしさを
妹達と笑った。

私達が笑っても母は
びくともしなかった。
母は六十をとうに過ぎていた。

母が化粧をするのは
何かの目的のためでは
なかったにちがいない。

化粧は母が母自身であるために
欠くべからざることだったのだ。
母は化粧なしでは
自分自身では
いられなかったのだ。

たまに私のところに来る母は
土産《みやげ》物《もの》なしでも
化粧品を忘れることはない。

ある朝、
朝食の用意をしながら
母と私は言いあらそった。

母は「いいですよ、
私、もう帰ります」と
パタパタ隣の部屋に
かけこんだ。

さすがの私も気色《きしょく》が悪く
シンとした隣の部屋が気になり、
息子を呼び
「おばあちゃん見てきて」
と言った。

「おばあちゃん何していた？」
「お化粧していた」

その5　私は母も子供だったのかと大変驚いた

子供の頃、おばあさんを見ると、
生まれつきおばあさんなのだと
思っていた。

父も母も生まれつき
父と母であると思って
疑いもしなかった。

ある時母が
「私が学校にあがる前ね、
五つくらいだったのかしら」
と言った時、

私は母も子供だったのかと
大変驚いた。

五つくらいの母が近所の子供と
ままごとをしていた時、

年かさの女の子が母に
お寺の菊の花を
とっておいでと命令した。

母がお寺に行くと
和尚《おしょう》さんが丹精《たんせい》した菊が、
鉢に一本ずつ植わって並んでいた。

母はあたりをうかがって
その中の一番大きな花を折った。

折ったとたん首根っこを
つかまれて
「どこの子ダァ」と
怒り狂った和尚さんにどなられた。

五つくらいの母はとっさに
「おしっこ！」と叫び、

和尚さんはびっくりして
うっかり手を離し、
母は花をつかんで
一目散に逃げてきた。

「私生まれつきチエが
回ったのネェ」
母は言った。

私は何度も
お寺に花をとりにいった時の話を
してとせがんだ。
母はそのたびに
「私生まれつきチエが回ったのネェー」
と嬉《うれ》しそうに言った。

私は母の子供の時の写真を
一枚も見たことがなかったから
母がどんな子供だったか
わからなかった。

もうずっと
母の顔をしている母から、
子供の母を想像することが
できなかった。

私はどうして何度も母に
この話をせがんだのだろう。
たぶん何より母もかつては子供であった
という当たり前の驚きが
好きだったような気がする。

たたみの上に座って
遊んでいる時、
不意に襖《ふすま》が開いて
母の足が見えると、

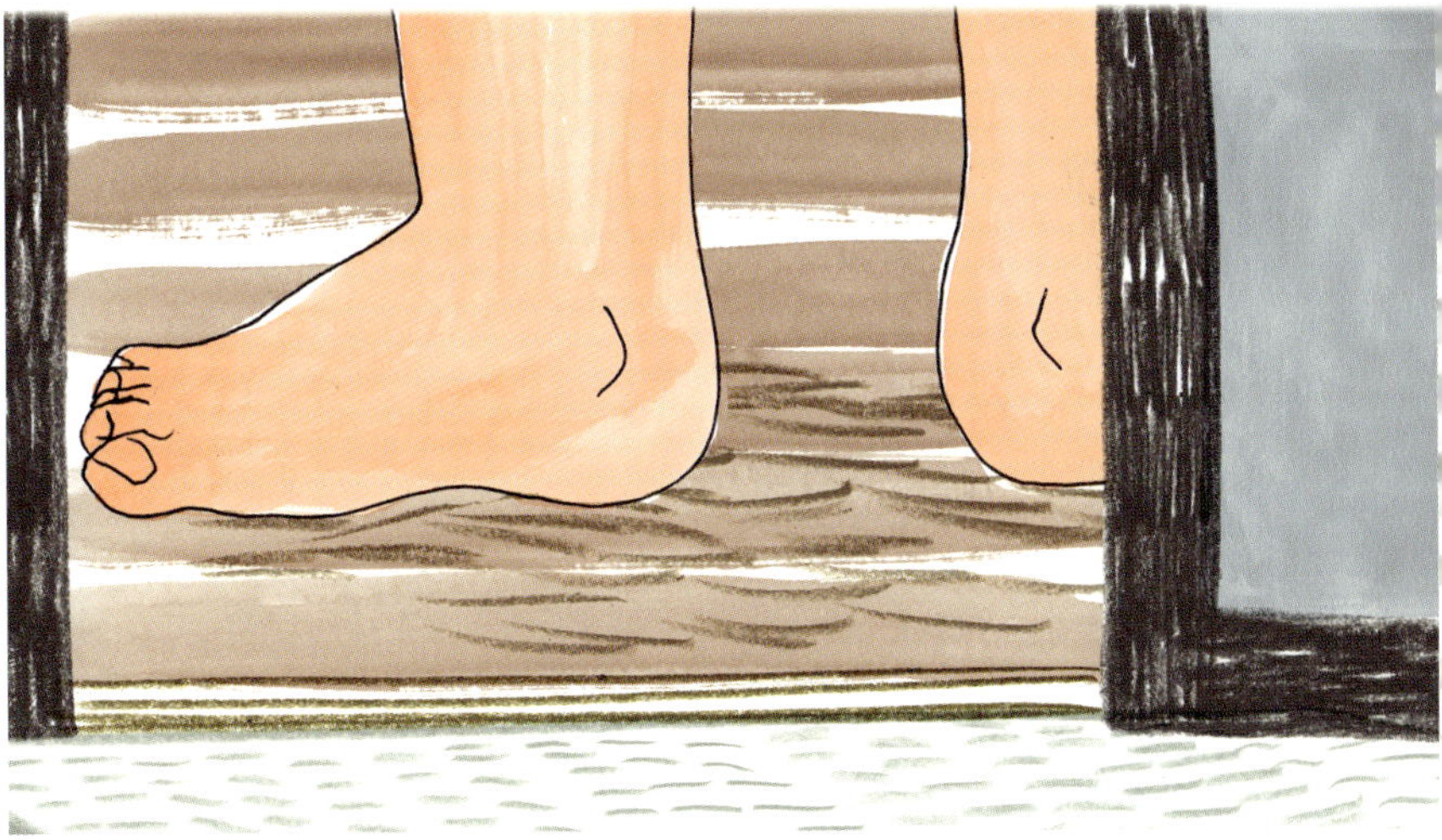

桃太郎の鬼の足のように
巨大だと思い、

いつだって母の顔は
はるかに高いところにあり、

父と母の話のほとんどは
わからない大人用の
ことばであった。

母と子供の私は
同じ人間ではなかった。
まったく違う世界に属する
異人種であった。

私は自分の子供を持った。

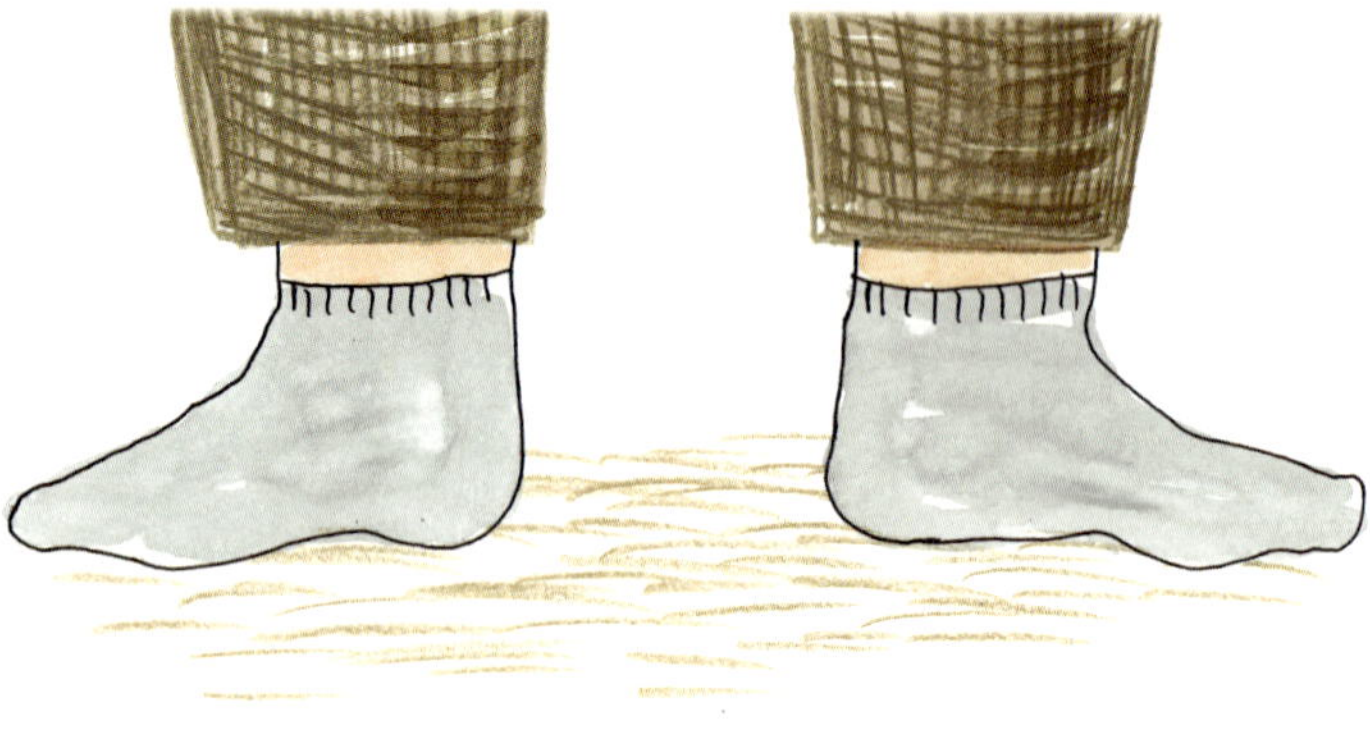

しかし自分が桃太郎の鬼のような足を
子供の目の前につき出し、
子供にとって
外国語のようなことばを話し、

電信柱の上から
声を出しているのだということを
自覚する余裕が
なかったような気がする。

私は常に優しい母親で、
正しいことを子供に伝え、

子供はいつも
母親を求めている
という錯覚を持ち続けて
いたのではないか。

私の子供に
私もまた子供であった時のことを
話したことがあったかどうか、
私は忘れてしまっている。

その6

もう東京には行きません

二階に下宿している芹沢《せりざわ》君を
気味悪いと言いだしたのは、
叔母《おば》だった。

芹沢君は東北から上京してきた
浪人生で、
出かける時も帰ってくる時も、
黙って玄関を出入りして、

初めから叔母の家族には
好ましくない印象を与えた。

二つの四畳ほどの部屋に、
予備校に通う芹沢君と
大学生が住んでいたが、

二人は口をきくこともなく、
叔母が運ぶ朝食と夕食を
一人で机に向かって食べた。

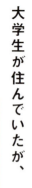

廊下をはさんだ部屋に
私は居《い》候《そうろう》をしていて、
美術学校にかよい、

私はほとんど
叔母の家族だったから、
芹沢君と同じ家に
住みながら、
まるで別世界にいた。

「あの人ごはんを持っていったら
毛布をかぶって勉強しているのよ、
気味悪いわ」
と叔母が言ったのは
五月の半ばごろだった。

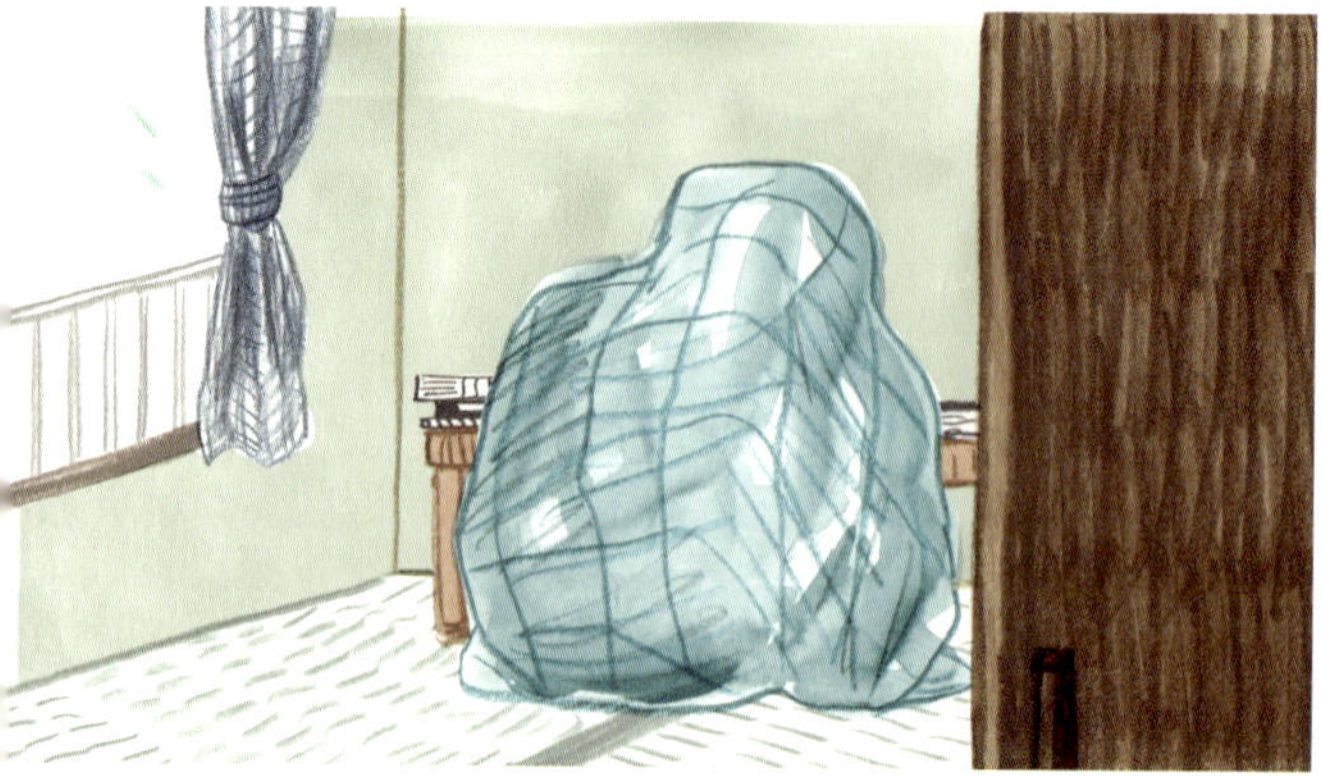

七月になって、
芹沢君は屋根に出て、
夕涼みをしだした。

叔母が
家族に知らせたほうがいい
と言いだしたのは、
屋根の上で
ふろしきをかぶって、

「カトウアクヤー」
とくり返しぶつぶつ言うように
なった時だった。
叔父《おじ》の名前は
カトウヨシヤだった。

父親に連れられて
芹沢君はくにに帰った。

次の年の三月に叔母の家に
芹沢君からはがきがきた。
東北大学に入学したことを知らせ、
最後に洋子さんによろしくと
書いてあった。

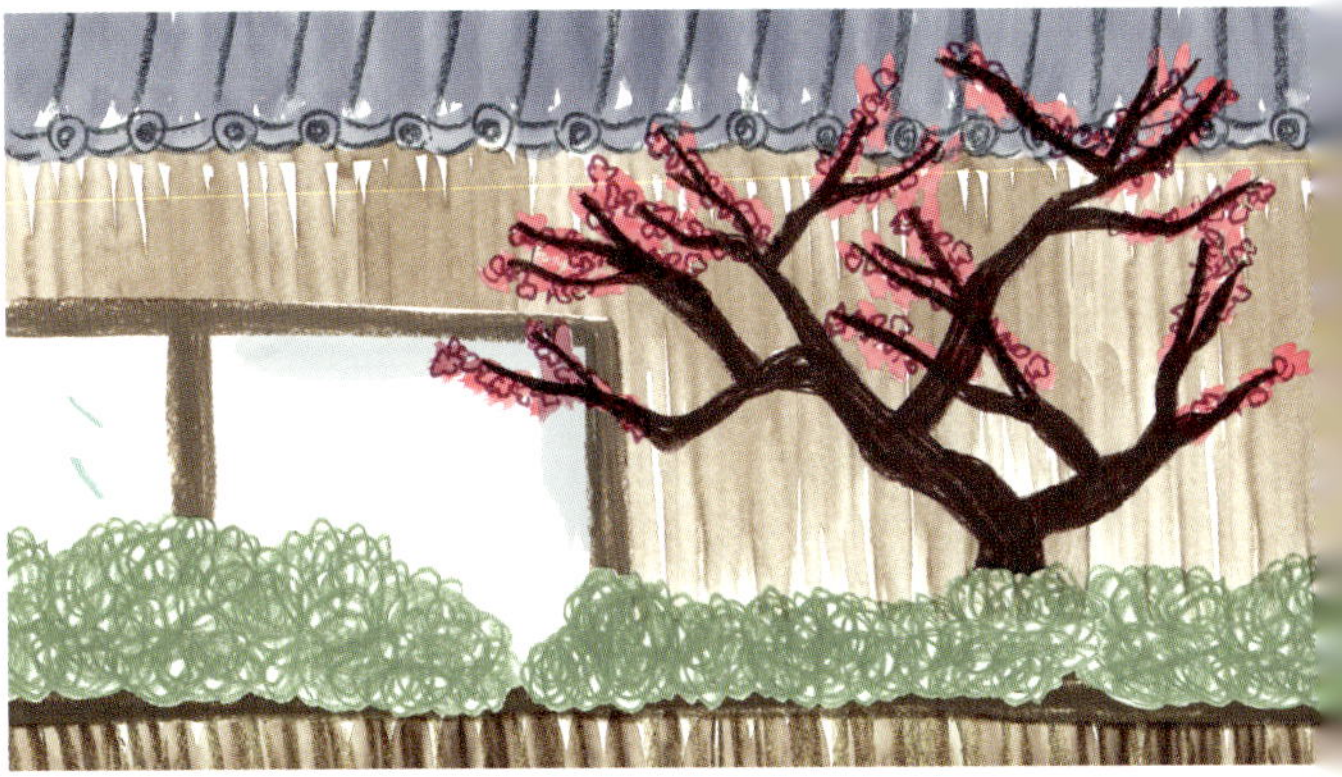

その時、たったあれだけのことを
芹沢君は忘れなかったのかと思うと
胸がつまった。

芹沢君が下宿を
ひき払うことが決まり、
父親が上京するまでの間、
私は部屋に誘い、
絵の本や雑誌を見せた。

変なようには少しも感じられず、
はにかんでいる十九の
ごく普通の少年に見えた。

次の日、

「映画に行こう」

と誘った。

楽しそうな映画をさがしたが
何もなく、
『アンネの日記』でもいいか
と聞くといいと言った。

映画が始まって、
隣の芹沢君は
体をゆらゆら動かした。

「出ようか」と言うと
「うん」とすぐ言った。
「とじこめられる映画はいやだ」

家へ帰るバスの中で
芹沢君は「降りる」
と言いだした。
降りたところが橋の上だった。

橋にしがみついて、
「帰りたくない」と言った。

私は腕をつかんで
「ね、帰ろう」と言い

芹沢君はわざと私に
引きずられるようにした。
たったそれだけのことだった。

その年の夏休み、
突然芹沢君が現れた。

すっかり大人びて
はきはきした青年になっていた。
「ときどき遊びにきても
いいですか」と言った。

「いいわよ、秋に結婚するの、
彼と友達になればいい」
私は明るすぎる声で
言ったかもしれない。

まだ日の高い街で
手を振って別れた。

そのすぐあと、
生まれて初めてのラブレターを
芹沢君からもらった。

「もう東京には行きません」
と最後に書いてあった。

その7　親切だなあ

人に親切にするのは
難しいことだ。

一番難しいのは
身近な人に長年にわたって、
変わりなく親切にできることだ。

これが可能であれば、
結婚というものも難事業では
なくなるはずである。

それに比べれば、
行きずりの人への親切など、
本当に楽なものだというのが、
私の経験からの
親切哲学であった。

しかし、
近ごろ
そうでも
ないらしいと
思うように
なった。

例えば、駅で、
駅員に道をたずねると、
無視されることも普通である。
この間、キオスクのおばさんに
道をきいたら、

舌をならされて、
にらみつけられた。

きっと一日に何百回もきかれるんだ、
いちいち相手にしてたら、
商売にさしさわるんだ。
まあ、仕方ない。

そういえば、
どこかのタバコ屋には
「道をきかないでください」
という札《ふだ》がさがっていた。

この間、
長野・上田のデパートで
ミシンを買おうと思ったら、

ミシンは置いていないと
申し訳なさそうに、
若い男の店員が言った。

「どこか、ミシン
売っているところ知っている？」
私は図《ずう》々《ずう》しいと思ったけどきいた。

「ミシン商会なら、
いろいろたくさん、
置いてると思います」

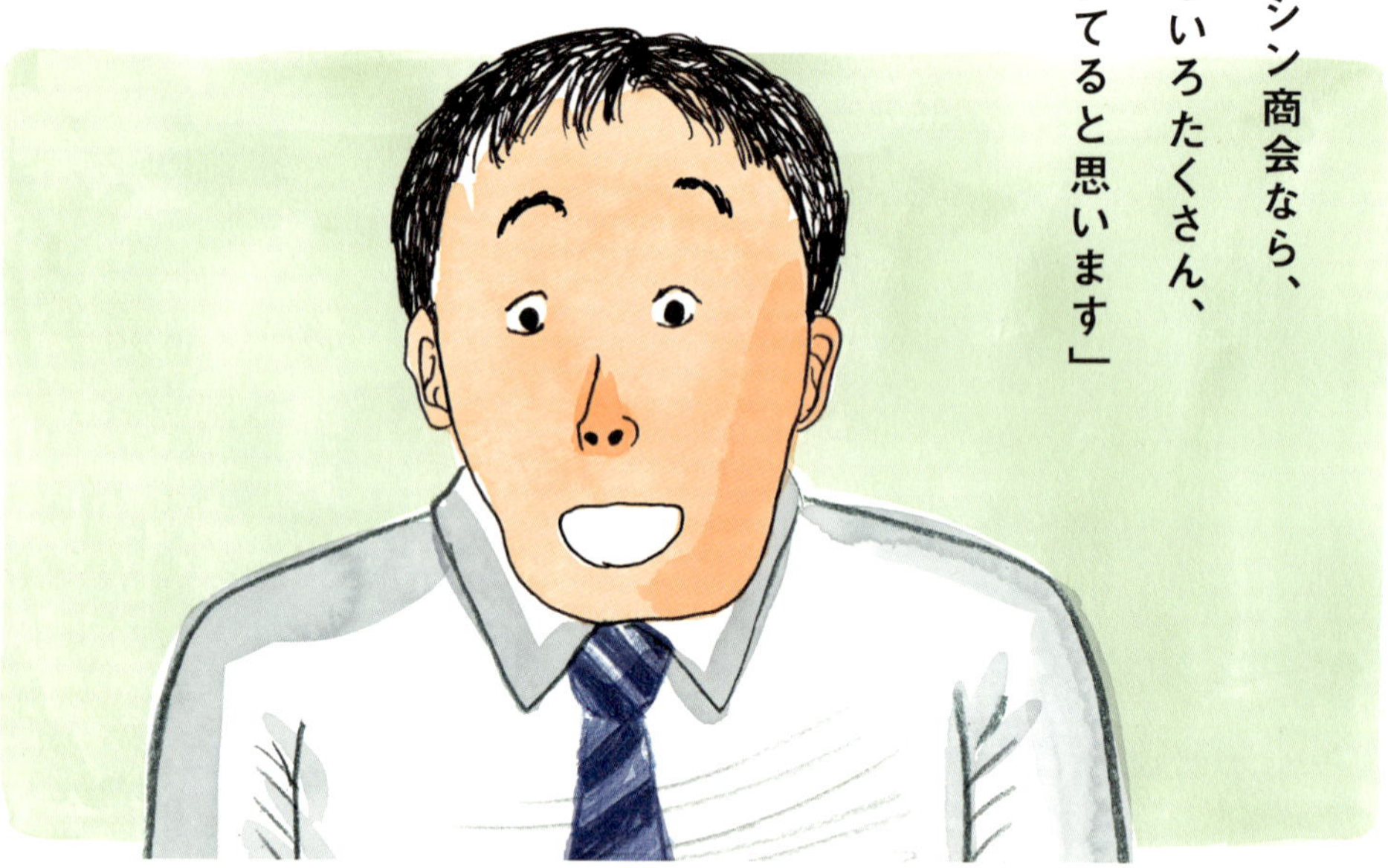

そして地図を
ていねいに書いてくれた。

すぐわかった。

「これ、こわれたら
どうしたらいいの」

オジさんは、
「どこでも直しに行きますよ。
キタカルに今いるの、
だったらその日のうちに行くよ」

本当に、いい人だなあ。
本当に親切だなあ。

それからふとん屋さんに、
マクラカバーをさがしに行った。

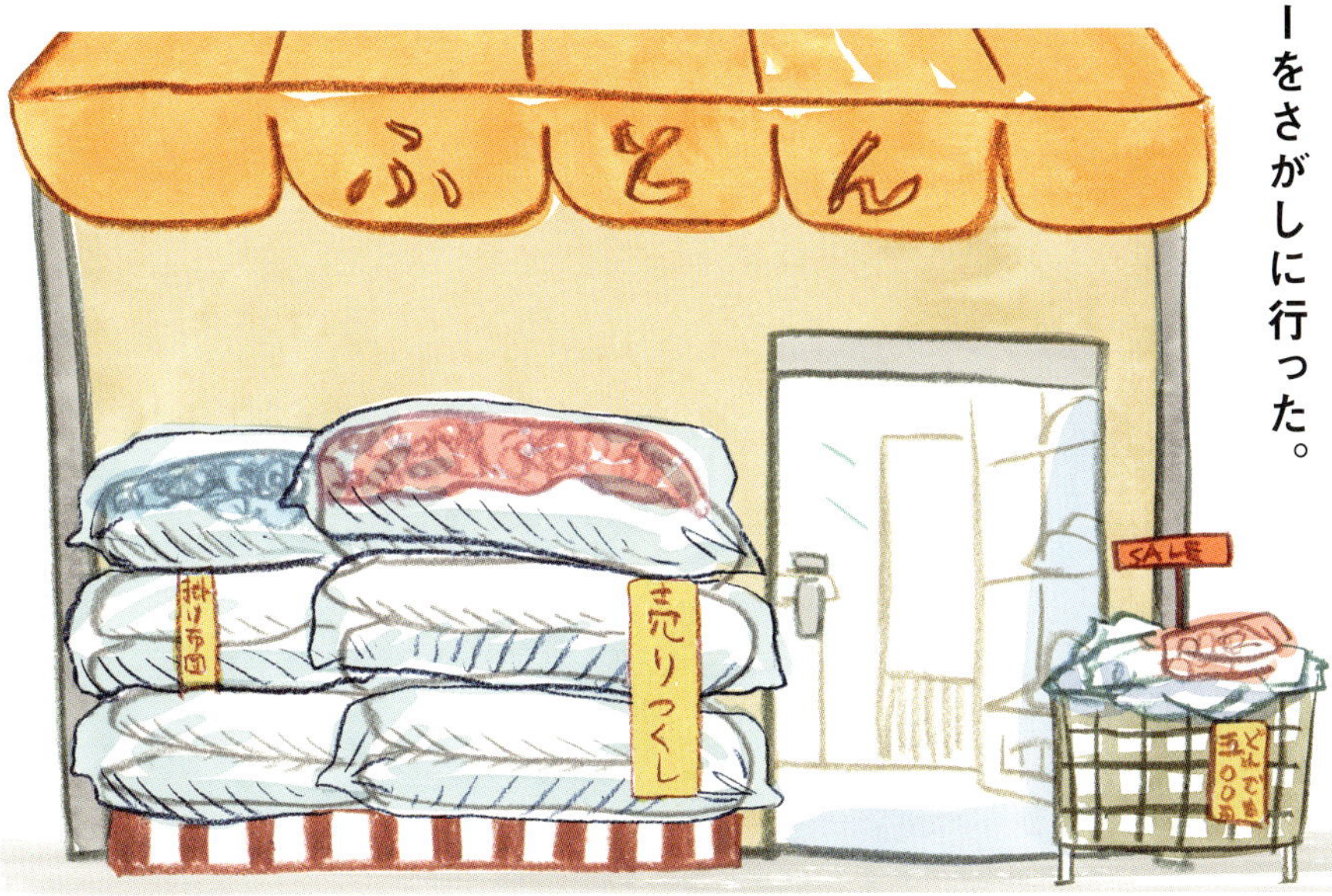

「これ、白いのないの」
「待っててくれたら、
今すぐ縫ってきますけど」
「え、今？」

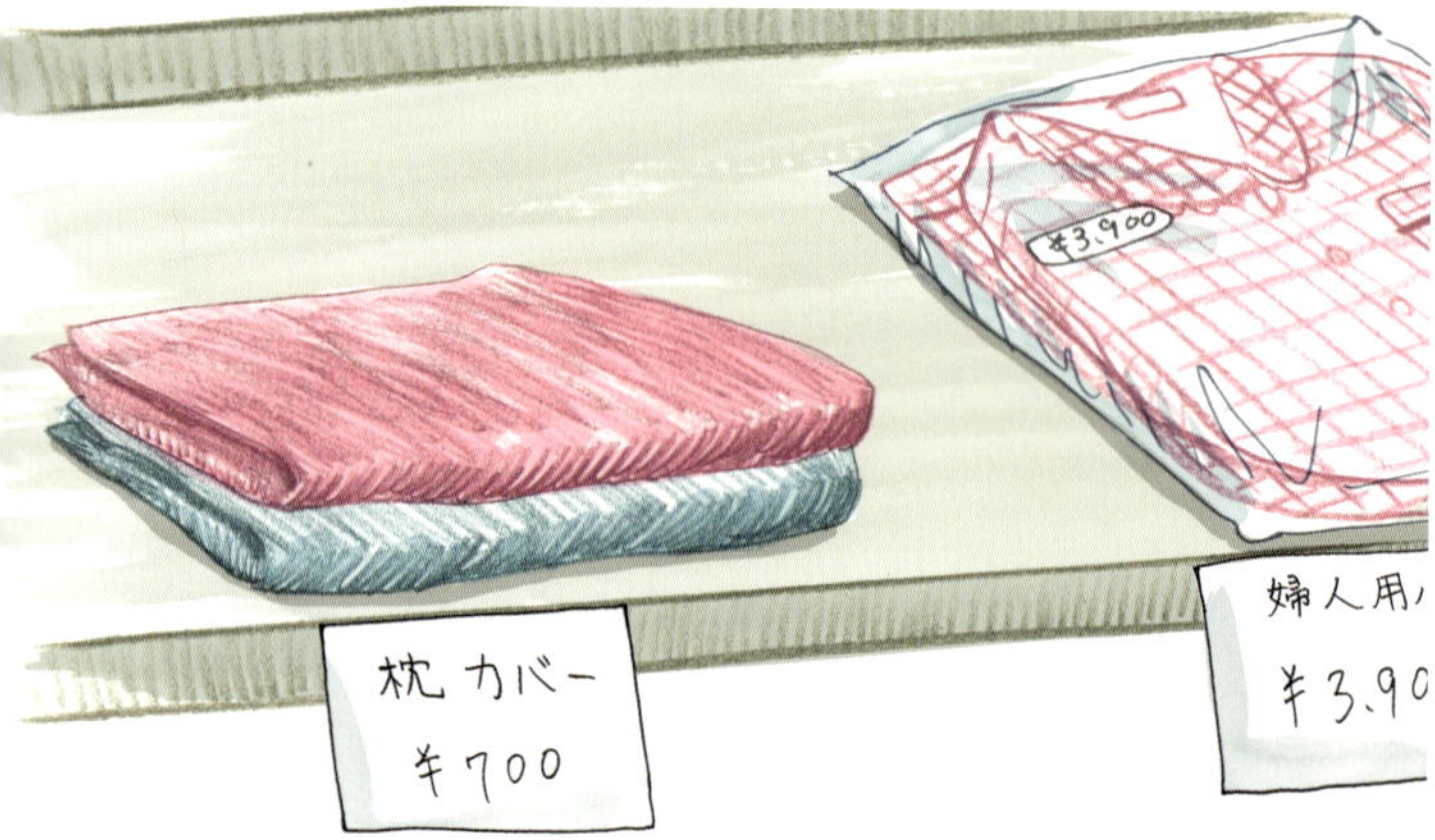

「ええ、すぐですよ。そのへん、
ぶらっとしているうちに
できますよ」

私は、もう感動して
泣きたいくらいである。

「一枚七百円なのに、
今すぐ縫ってくれるって」
「へえー、本当？」
連れも、驚いている。

「どうして、ここの人、
みんな親切なのかしら」
「暇だからじゃない」

そういえば、
みんな暇そうだったなあ。
でも、忙しいのより
暇のほうがいいなあ。

そういえば、
キオスクのおばさん
忙しそうだったなあ。

忙しいと、
ムシャクシャするんだ。
忙しいと
おっかなくなるなあ。

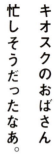

暇な人って人相がいい。

私も暇にして、
いい人相して、
人に道なんか、
ていねいに
教えてあげたい。

その8　じゃ、どうする

もの忘れによるトラブルが
増えてきたような気がする。

昨夜、テレビがこわれた。
いくらリモコンを押しても
テレビがつかないのだ。

ボーッとリモコンを見ると、
電話を持っていた。

あれは一年くらい前だった。
冷蔵庫をあけてぞっとした。

洗ったコーヒーカップが
三つ並んで置いてあった。

ゴタゴタした
プラスチックの箱をかき回すと、

「えーっ、こんなもの、
そういえば持っていたんだあ」
というものが
次から次へと出てくる。

はさみなんか、
いくつ買ったかわからない。
突然神かくしにあったようになる。

このごろ私は、家の中で
ボーッと立ち止まっていることが、
日に十回以上ある。

何かをとりに行こうと思って
立ち上がり、二、三歩あるくと、
何をとりに行こうとしているか
わからなくなっているのだ。

新しい名前など、全部忘れる。
仕事のファックスや手紙なども、
ほとんど忘れる。

先方から、
「先日お手紙差し上げた○○ですが」
と言われても、
なんだかさっぱりわからない。

「それなんだっけ？」
と聞くよりほかない。
すでに私は
社会的に抹殺《まっさつ》されているだろう。

アライさんはひどく記憶力のいい人で、
「アライさんは学者になれるね」
と時々思う。

そのアライさんが
「俺は、同じ話を
同じ人にしないようにしている」
と言うので
ますます感心したが、

子供のとき十円盗んで
山の木にしばりつけられた
という話を、
私は何度も聞いている。

そのたびに面白いのだが、
あのアライさんでさえ
もの忘れが多少はあるのだ。

ああ、他人がもの忘れをすると
どうして私は
こんなに嬉しいのだろう。

「昨夜のごはんがなんだったか
忘れなければ大丈夫」
と言う人がいるが、
そう言われて思い出すのに
すごく時間がかかる。

人からもらったものも、
あげたものもすぐ忘れる。

マリちゃんところに、
どこからかもらった漬物を
半分持って行ったら、

「ヤダ、これ
私があげたものよ」
と言われた。

私はストーブで煮た花豆を
いろんな友達に送っているが、

「ねー洋子さん、
前の花豆まだ食い終わってないよ」
と言われて、あわてふためいた。

皆年《とし》相《そう》応《おう》にもの忘れするが、
私はひどくはないか。
じゃどうする、どうにもならん。

そして
しこたまアルツハイマーの本を
買い込んできて、
おびえと恐怖と好奇心で、
実に熱心に読む。

読んでどうする、
どうにもならん。

それを次から次へと
友達に送る。

「洋子さん、
アハハ、あなた同じ本
また送ってきてるよ」

どうする？
どうにもならん。

その9　あとがき

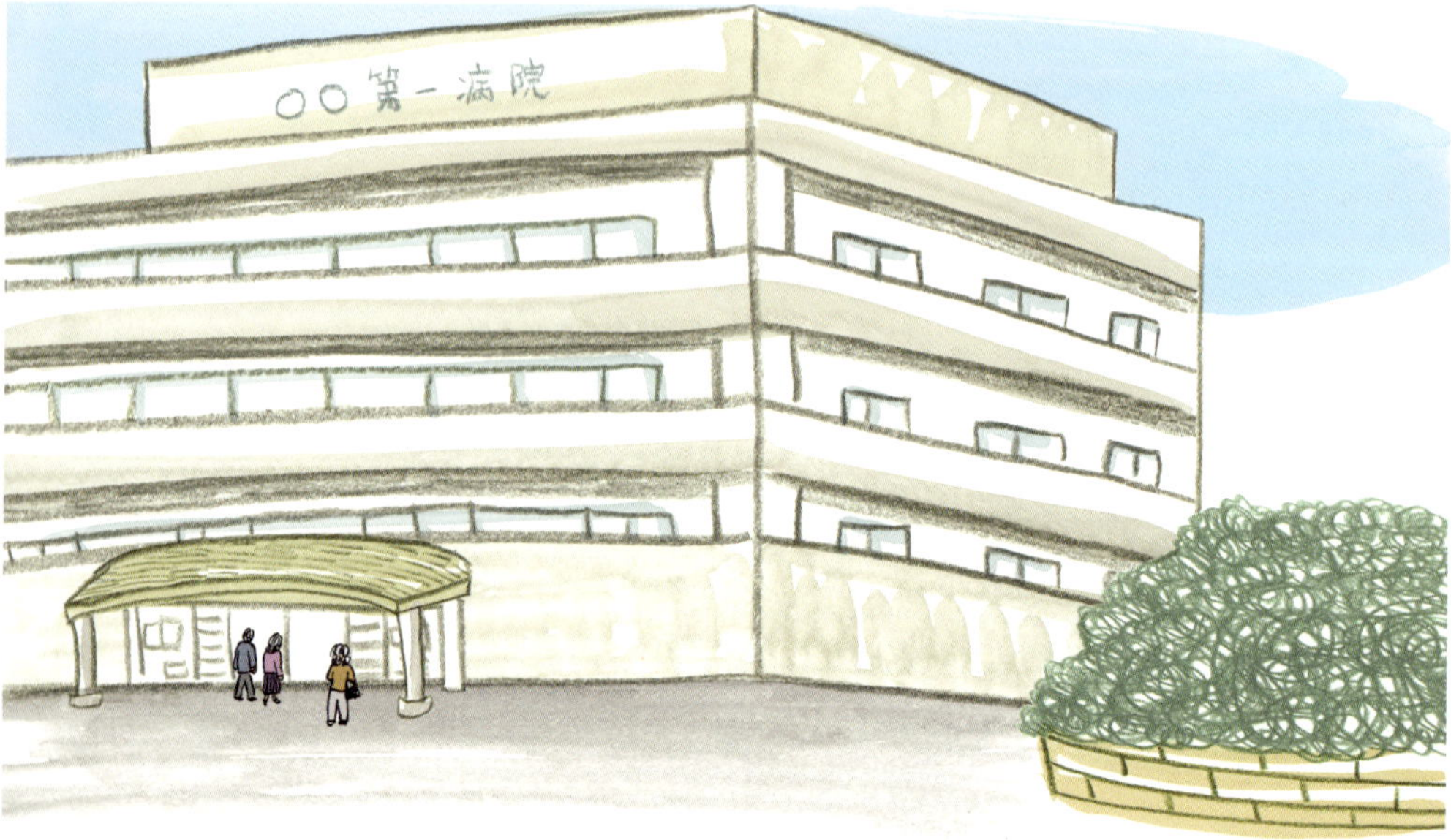

友だちがけがをして
入院したことがあった。
私はその友人を
あんまり大切に思っていなかった。

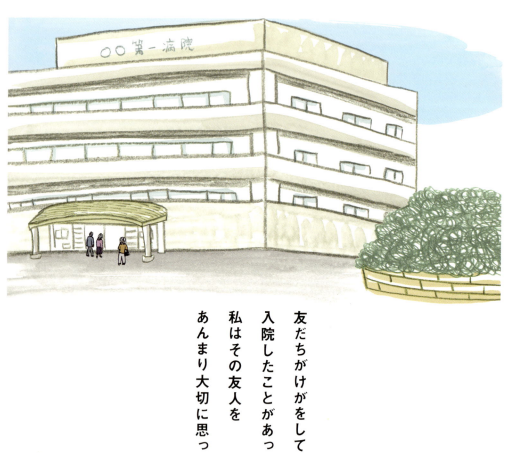

見栄っぱりで、うそつきで
派手好きで、
かっこばかりつける
ばかな奴と思っていた。

時々は、
つき合っているのは
時間の無駄だと思ってさえいた。

友だちは鼻の骨を折って、
顔の真ん中を白いほうたいを
ぐるぐる巻きにして、
ベッドに横になって、

私を見ると、
ほうたいからはみ出した
目と口で笑って
「イテテ」と言った。

「どうしたの」

「ハナ、ベンキ」

「あほじゃない。

ベンキで鼻折ったの、
どこの」

「言えない。イテテ」

その時、
私は涙があふれてきた。
アンタ、死ぬんじゃないよ。
絶対に死なないで。

友だちは一瞬にして
私を了解させた。

この人は、
私のばかなところ、
だめなところ、
いやなところ、
くだらないところを
引き受けてくれていたのだ。

この人がいなかったら、
私のいやなところ、
くだらないところは
行き場を失って、
私の中にあふれ返って
生きてはいけなかったのだ。

立派な尊敬にあたいする
友人だけを持っていたら、
私はなんと
貧しい土に生きている
生き物だっただろう。

二人で過ごしたおびただしい
無駄な時の流れ、
その無駄を吸い上げて、
私たちは生きてきた。

私がおなかを手術して入院していた時、
抜糸《ばっし》もすんでいないおなかをかかえて、

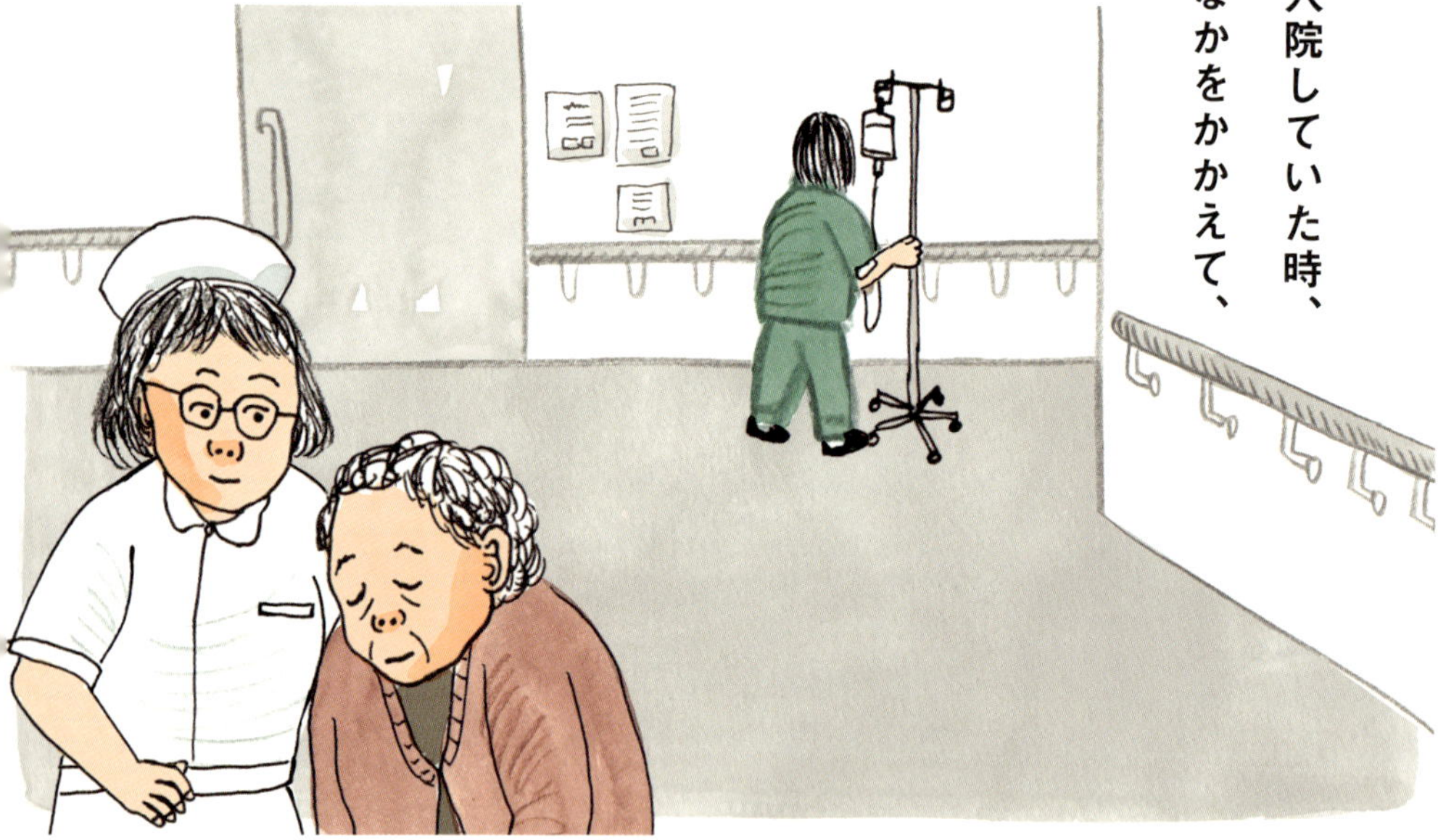

公衆電話から、

「病院に払うお金貸して」

と電話したことがあった。

私の見栄が
他の友人ではなく
彼女をえらんでいたのだ。

突然夜中に、
「今日、私、あなたのところに
泊まっているんだからね、よろしく」
と言われると、
「わかったわよ」
と言っていた。

彼女もまた
立派ではない私を
えらんでいた。

考えてみれば、
友だちというものは
無駄な時を
ともについやすものなのだ。

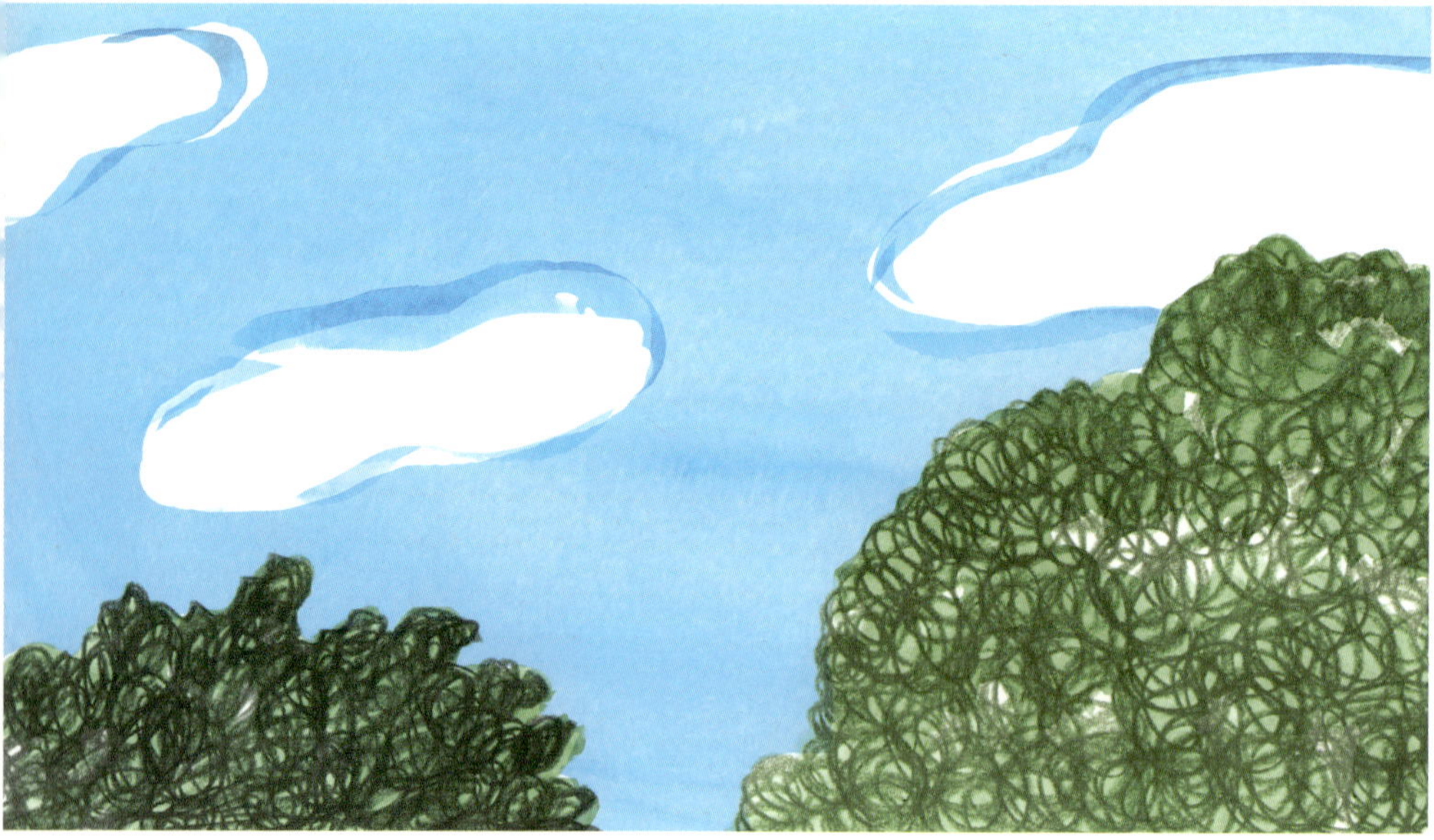

何もしゃべることなぞなく、
ただ石段に座って、
風に吹かれて何時間も
ボーッとしたことのある友だち。

失恋した友だちに
ただふとんをかぶせること以外
何もできなかった日。

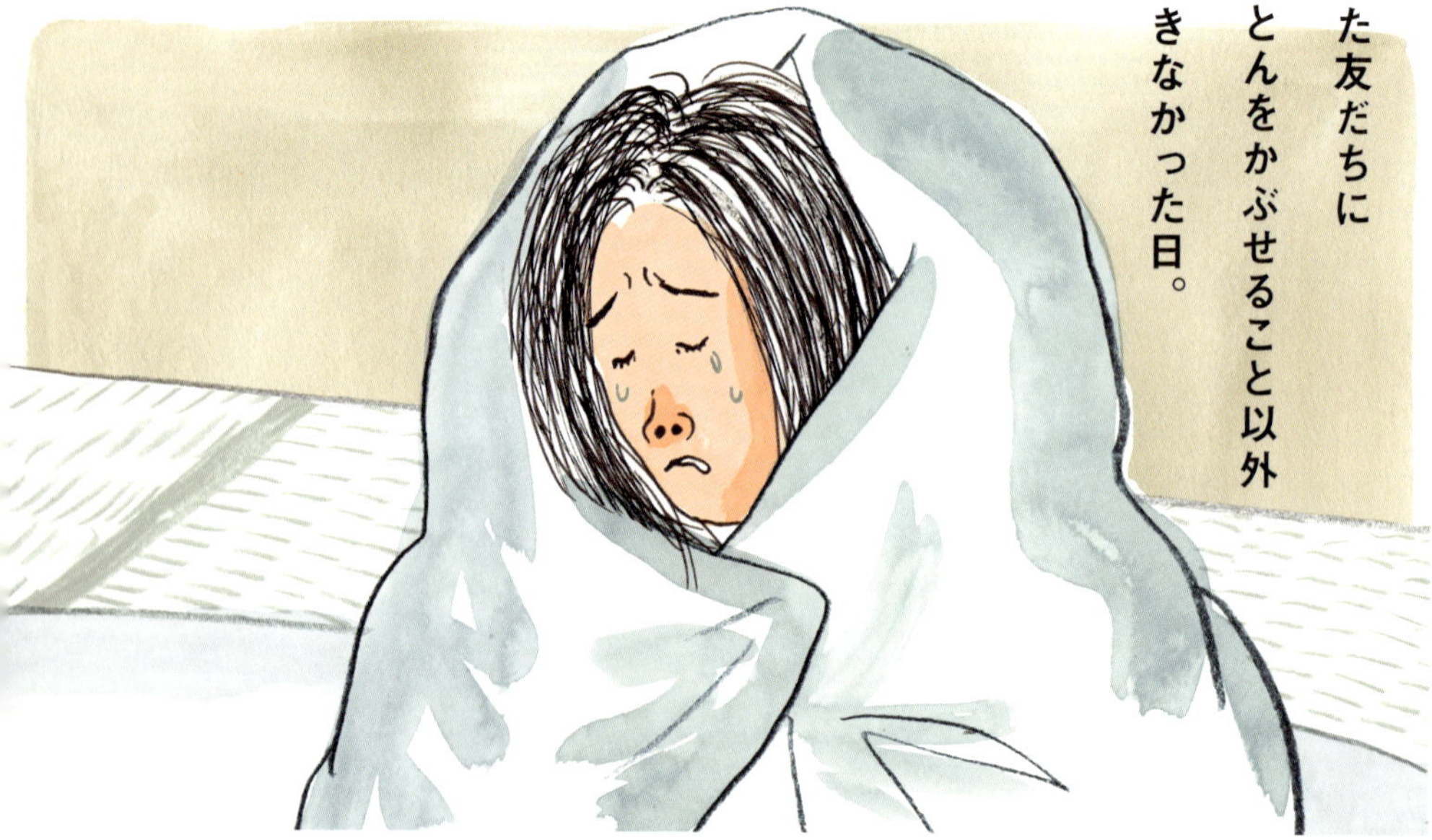

中身が泣いている
ふとんのそばで、私は
かつおぶしをかいていた。

友だちというものは
お金になるわけでもなく、
社会的地位向上に
役立つものでもない。

もしそのように
友人を利用したら、
それは友情とは
別のものである。

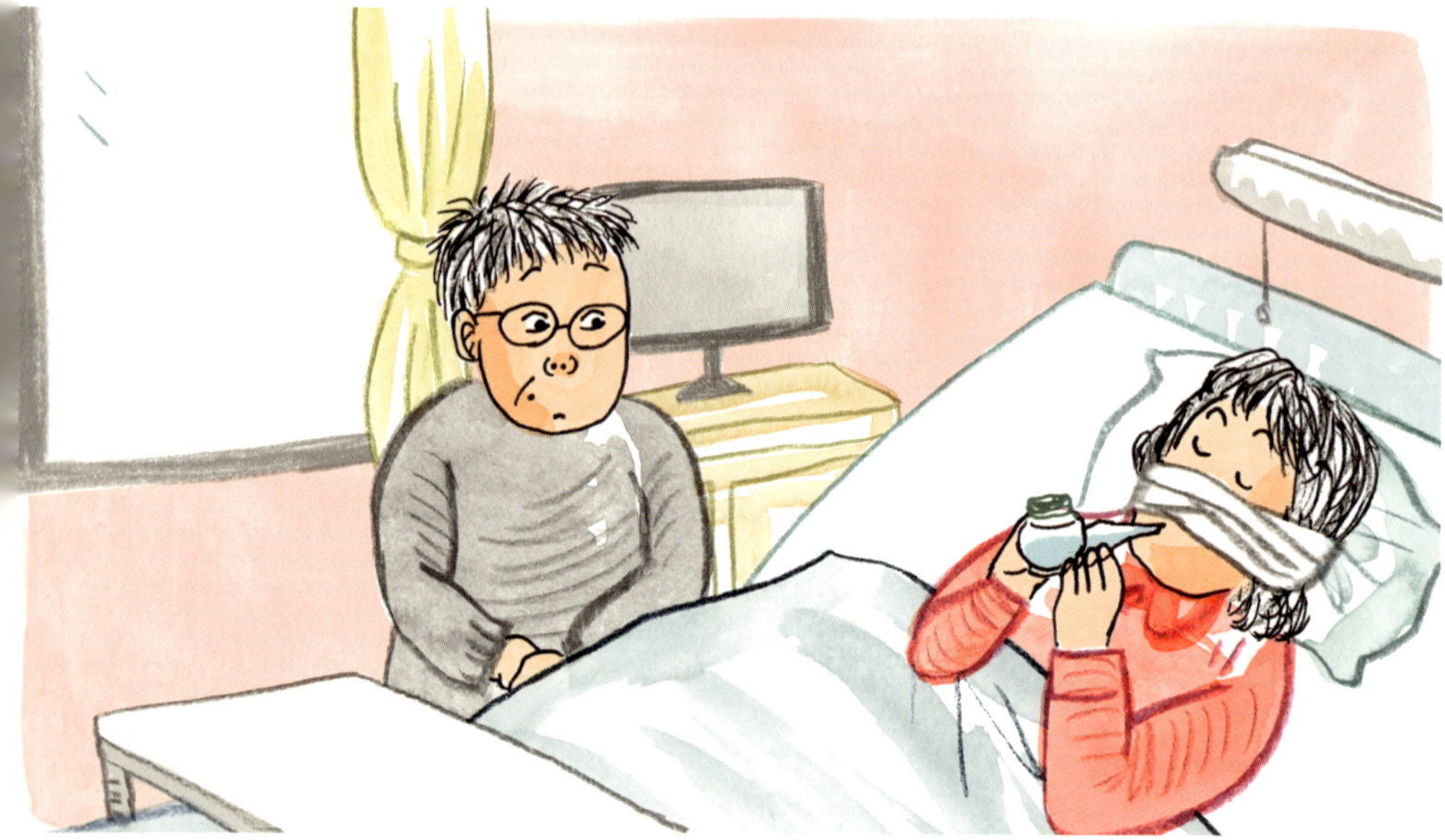

結果として
友人があたえてくれる
さまざまな目に見えるもの
見えないものがあったとしても、
決してそれが目的ではない。

すぐには
役に立ちそうもないものや、
何に使ったらよいか
わからないものが好きだった。

能率や、成績や進歩に
直接かかわらないものが
好きだった。
それがいちばん
大切なものだったのだ。

収録作品の出典
『でもいいの』(河出文庫)より、「口紅」「もう東京には行きません」
『覚えていない』(新潮文庫)より、「大地」
『ふつうがえらい』(新潮文庫)より、「親切だなあ」「先入観」
『神も仏もありませぬ』(ちくま文庫)より、「じゃ、どうする」
『友だちは無駄である』(ちくま文庫)より、「あとがき」
『私の猫たち許してほしい』(ちくま文庫)より、「とどのつまり人は食う」
『私はそうは思わない』(ちくま文庫)より、「私は母も子供だったのかと大変驚いた」

佐野洋子 さの・ようこ

1938年、中国・北京で生まれ、終戦後、日本に引き揚げました。1958年、武蔵野美術大学に入学。1967年、ベルリン造形大学でリトグラフを学びます。著書の絵本では、ロングセラーとなった『100万回生きたねこ』(講談社)や第8回講談社出版文化賞絵本賞を受賞した『わたしのぼうし』(ポプラ社)ほかがあります。童話にも、『わたしが妹だったとき』(偕成社)第1回新美《にいみ》南吉《なんきち》児童文学賞受賞作などがあり、そのほかに『ふつうがえらい』(新潮文庫)をはじめとするエッセイも執筆、『神も仏もありませぬ』(ちくま文庫)では第3回小林秀雄賞を受賞しました。2003年、紫綬褒章受章。2010年、永眠。享年72。

北村裕花 きたむら・ゆうか

1983年、栃木県に生まれました。多摩美術大学を卒業。2011年、絵本作家としての初期作品『おにぎりにんじゃ』が第33回講談社絵本新人賞佳作に。そのほか絵本には、『かけっこ かけっこ』(講談社)、『ねねねのねこ』(絵本館)、『おにぎりにんじゃ おこめがはまのけっせん』(講談社)、『トンダばあさん』(小さい書房)などがあります。

ヨーコさんの“言葉《ことば》” じゃ、どうする

2018年8月21日 第1刷発行

著者 文 佐野洋子《さのようこ》 絵 北村裕花《きたむらゆうか》
監修 小宮善彰《こみやよしあき》 NHK広報局制作部チーフ・プロデューサー
ブックデザイン 帆足英里子 古屋安紀子 (ライトパブリシティ)
発行者 渡瀬昌彦
発行所 株式会社講談社
東京都文京区音羽2-12-21 郵便番号112-8001
電話 編集 03-5395-3522
販売 03-5395-4415
業務 03-5395-3615
印刷所 慶昌堂印刷株式会社
製本所 株式会社国宝社

Printed in Japan, ISBN 978-4-06-512783-4
N.D.C.924 175p 21cm